ALCESTE,

TRAGÉDIE-OPÉRA,

EN TROIS ACTES;

REPRÉSENTÉE

POUR LA PREMIÈRE FOIS,

PAR L'ACADEMIE-ROYALE

DE MUSIQUE,

Le Mardi 16 Avril 1776.

PRIX XXX. SOLS.

A PARIS,

Chés DELORMEL, Imprimeur de ladite Académie, rue du Foin, à l'Image
Sainte Genevieve.

On trouvera des Exemplaires du Poeme à la Salle de l'Opera.

M. DCC. LXXVI.

AVEC APPROBATION ET PRIVILEGE DU ROI.

Le Poeme eſt de M. ***

La Muſique eſt de M. le Chevalier GLUCK.

La Décoration du dernier Acte eſt faite d'après les deſſins de M. MACHI, & exécutée par lui.

AVERTISSEMENT.

SI ce Poeme a quelque succès, ce sera à M. CAZABIGY, que nous en serons redevables. Non-seulement, nous avons suivi en partie le plan de son ALCESTE, mais nous en avons encore emprunté plusieurs détails, afin de conserver un grand nombre de morceaux de la Musique la plus passionnée, la plus énergique, la plus théâtrale (1) qu'on ait entendue sur aucun Théâtre de l'Europe, depuis la renaissance de ce bel Art. C'est cette raison qui nous a fait sacrifier un denouement que nous osons croire heureux pour y en substituer un dont nous ne nous dissimulerons pas la défectuosité ; mais nous espérons que le Public s'en trouvera dédommagé par la Musique.

Nous espérons que la contrainte à laquelle nous avons été forcés de nous assujétir, nous fera pardonner quelques licences que nous avons cru pouvoir nous permettre ; d'ailleurs nous croyons que dans les vers lyriques, on peut s'affranchir de

---

(1) Il ne faut pas confondre la Musique de Théâtre, avec la Musique de Chambre, de Concert, &c. *I colori di Rafaello, e la Musica di Gluck*, a dit, en parlant de

beaucoup d'entraves auxquelles on se soumet dans tout autre genre de Poésie , & qui n'existeroient pas , si parmi nous , comme autrefois chez les Grecs , la Musique & la Poésie étoient deux Arts inséparables.

la Musique d'Alceste , un des plus grands connoisseurs qu'ait aujourd'hui l'Italie , le Chevalier *Planelli* , dans son Traité *del l'Opera in Musica* , imprimé à Naples en 1772 , *quelli e questu destinate a servire all'espressione , vanno esaminati nell'azione. Solo allora si piu guidicare se piu diletti una bussola bien tinta che una tela animata del penello d'Urbino.*

ACTEURS ET ACTRICES
CHANTANTS DANS LES CHŒURS.

CÔTÉ DU ROI.		CÔTÉ DE LA REINE.	
Mesdemoiselles.	*Messieurs.*	*Mesdemoiselles.*	*Messieurs.*
Dubuisson.	Cailteau.	le Bourgeois.	Candeille.
Lonjeau.	Héri.	Chateauvieux.	Vatelin.
Dauterive.	Lagier.	d'Agée.	Tourcati.
Veron.	Martin.	Desrosières.	Capoi.
Garrus.	le Grand.	Chenais.	Ghuiot.
Dussée.	Hallmans.	Demerey.	Jacquier.
Desiuri.	Boi.	Thaunat.	Méon.
Rouxelin.	Huet.	Constance.	Cleret.
Sanctus.	Itasse.	St. Aubin.	Tacusset.
Prevost.	Parant.	Laurence.	Baillon.
	Jouve.		de Lori.
	Jalaguier.		Fagnan.
	Moulin.		

ACTEURS.

ADMETTE, *Roi de Theſſalie*, M. le Gros.

ALCESTE, *épouſe d'*ADMETTE, Mlle. Le Vaſſeur.

DEUX ENFANTS *d'*ADMETTE &
    *d'*ALCESTE.

APOLLON, *protecteur de la maiſon*
    *d'*ADMETTE.   M. Moreau.

LE GRAND-PRÊTRE *d'*APOLLON. M. Gelin.

EVANDRE, *un des Chefs du peuple*
    de Phere.   M. Tirot.

OFFICIERS *du Palais d'*ADMETTE.

FEMMES *d'*ALCESTE.

UN DIEU INFERNAL.   M. La Suze.

DIVINITÉS INFERNALES.

PEUPLES DE PHERE.

La Scêne eſt dans la ville de Phere en Theſſalie.

PERSONNAGES DANSANTS.

ACTE PREMIER.

PRÉTRESSES D'APOLLON.

Mlles. l'Huillier, Martin, Jouveau, Saunier, Felmée, Duparc, Richer, Bigotini, Duménil, Verteuille, Dupin, Belletour.

ACTE SECOND.

PEUPLES GRECS.

Mrs. LE DOUX, LE BRETON.

Mlles. DELFEVRE, DUBOIS.

M^rs. Larue, Guillet, Giguet, Caster, Hennequin, c. Doffion, Olivier, Barré.

Mlles. Dumont, Henriette, Durville, Efter, Belletour, Mulaire, Duval, Imbert.

ACTE TROISIÉME.
PEUPLES GRECS.

M. Vestris. Mlles. Allard & Peilin.

M. Gardel, Mlle. Guimard.

M. Vestris, Mlle. Heinel.

M^{rs}. Léger, Abraham, le Doux, le Breton.

Mlles. Delfevre, Dubois, Lafont, Cléophile.

M^{rs}. Trupti, Henri, Hennequin, 1. Rivet, Huart, Lebel, Simonet, Laval, f.

Mlles. Thévenet, Bigotiny, Martin, l'Huillier, Saunier, Duménil, Jouveau, Dupin.

ALCESTE,

ALCESTE,
TRAGÉDIE - OPÉRA.

ACTE PREMIER.

(Le théâtre repréſente une place publique, ſur un des côtés on voit en avancement le palais d'ADMETTE, ſur la porte duquel eſt un balcon en ſaillie : le fond du théâtre repréſente le portique du temple d'Apollon. Une foule de peuple dans l'agitation & dans l'attitude de la crainte & de la douleur, remplit la place.)

SCÉNE PREMIÉRE.

UN HÉRAUT, *d'armes*, ÉVANDRE, CHŒUR.

LE *CHŒUR.*

DIEUX! rendés-nous notre roi, notre pere,

B

*LE **HÉRAUT** sur le balcon.*

Peuple ! votre roi touche à son heure derniere,
L'impitoyable mort est prête à le saisir,
Et nuls secours humains ne peuvent le ravir
 A sa main meurtriere.

LE CHŒUR.

O Dieux ! qu'allons-nous devenir ?
Non, jamais le courroux céleste,
Sur des mortels qu'il veut punir,
N'a frappé de coup plus funeste.

ÉVANDRE.

Suspendés vos gémissemens,
Le palais s'ouvre.

PLUSIEURS VOIX.

Ah ! je frémis, je tremble.

ÉVANDRE.

La Reine vient à nous, vous voyés ses enfants.
Dieux ! que d'infortunés, ce lieu fatal rassemble.

SCÊNE II.

Les ACTEURS *de la Scêne précédente ,* ALCESTE
& ſes ENFANTS.

CHŒUR *à deux parties.*

O malheureux Admette ! ô malheureuſe Alceſte !
O trop cruel deſtin ! ô ſort vraiment funeſte !

TOUS.

Objets ſi tendrement chéris,
Enfants infortunés ! ſeul eſpoir qui nous reſte !
Nous ſes ſujets !... ou plûtôt ſes amis,
Pour qui cent fois il expoſa ſa vie.
O Dieux ! qu'allons-nous devenir ?
Malheureuſe patrie !
O Dieux ! qu'allés-vous devenir ?
Non , jamais le courroux céleſte ,
Sur des mortels qu'il veut punir ,
N'a frappé de coup plus funeſte.

ALCESTE.

Sujets du Roi le plus aimé ,
Vous répandés des pleurs, hélas ! trop légitimes !
Par ſon amour pour vous , par ſes vertus ſublimes,

Il faifoit le bonheur de fon peuple charmé ;
Il faifoit le bonheur d'une époufe chérie,
Qui ne fçauroit vivre fans lui.
Foibles enfants, fans efpoir, fans appui,
Les yeux à peine ouverts au néant de la vie,
O Dieux ! qu'allés-vous devenir ?

LE *CHŒUR.*

Malheureufe patrie !
O Dieux, qu'allés-vous devenir ?

ALCESTE.

Hélas ! dans ce malheur extrême,
Nous n'avons plus d'efpoir qu'en leur bonté fuprême,
Eux feuls peuvent nous fecourir.

AIR.

Grands Dieux ! du deftin qui m'accable,
Sufpendés du moins la rigueur ;
Et fur l'excès de mon malheur,
Jettés un regard fecourable ?

Rien n'égale mon défefpoir,
Mes tourments, ma douleur amère :
Si l'on n'eft pas époufe & mère,
On ne fçauroit les concevoir.

O vous dont les tendres appas,
Sont l'image à mes yeux si chere ;
De mon époux, de votre pere,
Venés ! jettés-vous dans mes bras ?..

Quand je vous presse sur mon sein,
Mes chers fils ! mon cœur se déchire ;
Je sens augmenter mon martire,
En pensant à votre destin.

CHŒUR à deux parties.

O malheureux Admette ! ô malheureuse Alceste !
O trop cruel destin ! ô jour vraiment funeste !

ALCESTE au PEUPLE.

Suivés-moi dans le Temple, allons offrir aux Dieux
  Nos sacrifices & nos vœux.
Au pied de leurs autels arrosés de mes larmes ;
  Ils verront une épouse en pleurs,
Des enfans menacés du plus grand des malheurs :
Tout un peuple accablé des plus justes alarmes.
  Peut-être à cet aspect touchant,
  Ces Dieux, notre unique espérance,
Ces Dieux, dont la bonté réclame la clémence,
Laisseront-ils fléchir leur courroux menaçant.

(Elle sort.)

L E *C H Œ U R.*

Non jamais le courroux célefte,
Sur des mortels qu'il veut punir,
N'a frappé de coup plus funefte.
O Dieux ! qu'allons-nous devenir ?

SCÊNE III.

*Le Théâtre repréfente le Temple d'Apollon : la
Statue coloffale de ce Dieu paroît au milieu
du Temple.*

LES PRÊTRES & *les* PRÊTRESSES
danfants les Danfes facrées.

Le GRAND-PRÊTRE & *le* CHŒUR,
alternativement.

Dieu puiffant, écarte du trône !
De la mort le glaive effrayant,
Perce d'un rayon éclatant,
Le voile affreux qui l'environne.

LE *GRAND-PRÉTRE.*

Reffouviens-toi ! que fur ce bord fertile,
Banni des Cieux, dans ta courfe incertain

Admette t'offrit un azile
Contre les rigueurs du deſtin.

L E C H Œ U R.

Dieu puiſſant, &c.

L E G R A N D - P R É T R E.

Diſpenſateur de la lumière,
Toi ! qui fais l'ornement des Cieux,
Et qui de ton char radieux,
Répands dans ta vaſte carrière,
Autant de bienfaits que de feux ;
D'un Peuple gémiſſant, daigne écouter les vœux ;
Rends-lui ſon Roi, ſon protecteur, ſon père ?
Rends-lui le plus grand des bienfaits,
Dont le Ciel ait jamais favoriſé la terre,
Un Roi, l'ami de ſes Sujets.

L E C Œ U R.

Dieu puiſſant écarte du Trône,
De la mort le glaîve effrayant ?
Perce d'un rayon éclatant
Le voile affreux qui l'environne ?

Les PRÉTRES & PRÉTRESSES *, continuent les
Cérémonies ſacrées pendant le* CHŒUR.

LE *GRAND-PRÊTRE*

Suspendés vos sacrés misteres ;
La reine vient mêler ses vœux à nos prieres.

SCÊNE IV.

ALCESTE.

IMmortel Apollon, toi ! dont l'œil pénétrant,
Des replis de nos cœurs perce la nuit obscure ;
     Si dans le mien, à ton culte constant,
Tu n'apperçus jamais qu'une piété pure,
Un chaste amour, des desirs innocents.
Daignes prendre pitié du tourment qui m'accâble,
     Et jette un regard favorable
     Sur cet offrande & ces présents ?

(On porte des présents au DIEU ; on brûle des par-
fums : les PRÊTRES & PRÊTRESSES vont cher-
cher la Victime, le GRAND-PRÊTRE l'immole
& en examine les entrailles.

LE *GRAND-PRÊTRE.*

Apollon est sensible à nos gémissements,
Et des signes certains m'en donnent l'assurance.

Plein

Plein de l'efprit divin qu'infpire fa préfence,
Je me fens élever au-deffus d'un mortel.

Quelle lumiere éclatante
Entoure la ftatue, & brille fur l'autel !
L'horreur d'une fainte épouvante
Se répand autour de moi ;
La terre fous mes pas fuit & fe précipite ;
Le marbre eft animé, le faint trépied s'agite,
Tout fe remplit d'un jufte effroi ;
Tout m'annonce du Dieu la préfence fuprême,
Ce Dieu fur nos deftins veut s'expliquer lui-même.
Il va parler ; faifi de crainte & de refpect,
Peuple obferve un profond filence,
Reine dépofe à fon afpect
Le vain orgueil de la puiffance.
Tremble.

L'ORACLE, fortant de la ftatue.

Le Roi doit mourir aujourd'hui,
Si quelqu'autre au trépas ne fe livre pour lui.

LE *GRAND-PRÊTRE* & LE *CHŒUR, à la fois.*

LE GRAND-PRETRE.	LE CHŒUR.
Tout fe taît ! qui de vous à la mort veut s'offrir ?	Quel oracle funefte !
Perfonne ne répond, notre Roi va mourir.	Fuyons, nul efpoir ne nous refte, Admette, du deftin tu vas fubir les coups. Fuyons !

C

SCÈNE V.

ALCESTE, *seule.*

OÙ suis-je, malheureuse Alceste!
Voilà donc le secours que j'attendois de vous,
Dieux puissants! cher époux, tu vas perdre la vie,
Sans espoir elle t'est ravie,
Si quelqu'autre pour toi ne se livre à la mort.
Il n'est plus pour moi d'espérance;
Tout fuit, tout m'abandonne à mon funeste sort:
De l'amitié, de la reconnoissance,
J'espérerois envain un si pénible effort.
Ah! l'amour seul en est capable,
Cher époux! tu vivras, tu me devras le jour,
Ce jour dont te privoit la parque impitoyable,
Te sera rendu par l'amour.

A I R.

Non, ce n'est point un sacrifice,
Eh! pourrois-je vivre sans toi?
Sans toi, cher Admette, ah! pour moi,
La vie est un affreux supplice.

Effort cruel! ô désespoir!
Il faut donc renoncer, cher objet de ma flâme,

Renoncer pour jamais à régner dans ton âme,
Au plaifir de t'aimer, au bonheur de te voir.

O mes enfants! ô regrets fuperflus!

Objets fi chers à ma tendreffe extrême,
Images d'un époux que j'adore & qui m'aime!
O mes fils! mes chers fils, je ne vous verrai plus!

Non, ce n'eft point un facrifice, *&c.*

RÉCITATIF.

Arbitres du fort des humains,
Terribles Déïtés, qui tenés dans vos mains
Nos fragiles deftinées,
J'invoque vos fermens, ne les trahiffés pas!
Tranchés le fil de mes années,
Pour mon époux, je me livre au trépas.

SCÊNE VI.

ALCESTE, LE *GRAND-PRÊTRE, rentrant,*
infpiré.

TEs deftins font remplis, déjà la mort s'apprête
A dévorer fa proie, & plâne fur ta tête,
Et ton époux refpire, aux dépens de tes jours.
Dès que l'aftre brillant aura fini fon cours,
Et que le jour fera place aux ténébres,

C ij

Du Dieu des morts les miniſtres funèbres
Viendront t'attendre aux portes de l'enfer.

ALCESTE.

J'y vôlerai remplir un devoir qui m'eſt cher.

SCÊNE VII.

ALCESTE.

AIR.

Divinités du Styx, miniſtres de la mort,
Je n'invoquerai point votre pitié cruëlle,
J'enleve un tendre époux à ſon funeſte ſort ;
Mais je vous abandonne une épouſe fidelle.

Mourir pour ce qu'on aime, eſt un ſi doux effort,
Une vertu ſi naturelle,
Mon cœur eſt animé d'un plus noble tranſport.

Je ſens une force nouvelle,
Je vôle où mon amour m'appelle.
Mon cœur eſt animé d'un plus noble tranſport.

Divinités du Styx, miniſtres de la mort,
Je n'invoquerai point votre pitié cruëlle.

FIN DU PREMIER ACTE.

ACTE SECOND.

Le théâtre repréfente un vafte falon du palais d'ADMETTE.

SCÊNE PREMIÉRE.

EVANDRE, PEUPLE, *qui entre en danfant & en chantant.*

LE CHŒUR.

QUE les plus doux tranfports fuccedent aux alarmes,
Le ciel vient de tarir la fource de nos larmes.
      Vive Admette, vive à jamais,
      Un Roi, l'amour de fes fujets.

Reprife du CHŒUR, avec la Danfe.

Que les plus doux tranfports fuccedent aux alarmes!
Le ciel vient de tarir la fource de nos larmes.

Le plus aimé des Rois à nos vœux est rendu,
Des mains de la mort implacable,
Les dieux ont arraché le glaîve redoutable,
Sur lui, sur tout son peuple à la fois suspendu.

SCÊNE II.

ADMETTE, *& les* ACTEURS PRÉCÉDENTS,
*plusieurs embraffent les genoux d'*ADMETTE.

O mon Roi!.. notre appui!.. notre Pere!..ô mon
maître !
O Roi le plus chéri, le plus digne de l'être !

ADMETTE.

O mes enfants! ô mes amis!
Vous enchantés mon cœur de la plus douce ivreffe;
Je verfe dans vos bras des larmes de tendreffe.
O mes enfants! ô mes amis!
Vous m'aimés, mes vœux font remplis.
Mais par quel art nouveau, par quel heureux miracle
Des portes du trépas ramené parmi vous,
Goutai-je des plaifirs fi fenfibles, fi doux.

EVANDRE.

Sur vos deftins s'eft expliqué l'oracle ;

Vos jours alloient finir , fi quelqu'un à la mort
　　Ne s'offroit pour victime.
Un héros inconnu , par un effort fublime
A fatisfait pour vous à la rigueur du fort.

ADMETTE.

　Oracle affreux ! ô rigueur inouïe !
De vos faveurs, Grands dieux ! font-ce là les effets ?
Croyés-vous qu'à ce prix je puiffe aimer la vie ;
Moi qui confentirois qu'elle me fût ravie,
　　Pour le dernier de mes fujets.

*LES CORIPHÉES, alternativement avec
LE CHŒUR.*

　Vivés , aimés des jours dignes d'envie ,
Jouïffés du bonheur de combler tous les vœux
　　De l'époufe la plus chérie :
　　De rendre tout un peuple heureux.
　Ah ! quelque foit cet ami généreux
　　Qui pour fon Roi fe facrifie ,
　　Mourant pour vous , pour la patrie ,
　　Son fort eft affez glorieux.

　　　　　　　(On danfe).

ADMETTE.

Alcefte, chère Alcefte , ah ! qu'il m'eft doux de vivre,
Pour adorer encor vos vertus , vos appas !

Mais, pourquoi ne vient-elle pas
Partager les tranſports où tout mon cœur ſe livre ?

EVANDRE.

C'eſt à ſes cris, c'eſt à ſes pleurs puiſſants,
Que les dieux en courroux ont calmé leur colère ;
A ces dieux adoucis ſa touchante prière
Adreſſe en ce moment des vœux reconnoiſſants.

SCÈNE III.

Les Acteurs précédents, ALCESTE, avec
ſa ſuite.

ADMETTE, vivement, en courant à ALCESTE.

Alceſte !

ALCESTE.

Cher époux !

ENSEMBLE.

O moment fortuné !

ADMETTE.

Je te revois !

ALCESTE.

Tu vis ! les dieux m'ont exaucée.

ENSEMBLE.

ENSEMBLE.

Je ne crains plus du sort le courroux obstiné,
  Et ma douleur est effacée.

LE CHŒUR.

Plus de pleurs, plus de tristesse,
Livrons-nous à l'allégresse;
Quel moment plein de douceur !
Admette va faire encore,
De son peuple qui l'adore
Et la gloire & le bonheur.

ALCESTE.

Ces chants me déchirent le cœur,

LE CHŒUR.

Plus de pleurs, plus de tristesse, *&c. &c.*

ADMETTE.

Transports flatteurs que tout mon cœur partage,
Qu'il sent bien tout le prix d'un aussi tendre hommage!
Oui, les dieux adoucis, après tant de rigueurs,
Me font enfin jouir de toutes leurs faveurs.

UN CORIPHÉE, LE *CHŒUR & la* DANSE.

Parés vos fronts de fleurs nouvelles,
Tendres amants, heureux époux,

D

Et l'hymen, & l'amour, de leurs mains immortelles,
S'empreffent d'en cuëillir pour vous.

Puiffent vos belles deftinées,
Se prolonger au gré de vos defirs!
Puiffent la gloire & les plaifirs,
Compter feuls les inftants de vos longues années.

Parés vos fronts de fleurs nouvelles, *&c.*

UNE *CORIPHÉE.*

Heureufe époufe, tendre Alcefte,
Jouiffés dans cet heureux jour,
De tous les dons de la faveur célefte,
Et des bienfaits que vous offre l'amour.

Parés vos fronts de fleurs nouvelles, *&c.*

ALCESTE.

O dieux ! foutenés mon courage ;
Je ne puis plus cacher l'excès de mes douleurs,
Et malgré moi des pleurs
S'échappent de mes yeux, & baignent mon vifage.

LE *CHŒUR.*

Parés vos fronts de fleurs nouvelles, *&c.*

A D M E T T E.

O moments délicieux !
Alcefte , cher objet de toute ma tendreffe ;
C'eft toi, c'eft ton amour , qui me rend précieux !..
Mais que vois-je, & pourquoi la plus fombre trifteffe
Se peint-elle encor dans tes yeux ?

A L C E S T E.

Hélas !

A D M E T T E.

A I R.

Bannis la crainte & les alarmes ;
Que le plaifir fuccede à la douleur :
C'eft à lui de fécher nos larmes ;
C'eft par toi qu'il plaît à mon cœur.

La vie eft un bienfait de la bonté célefte ;
Mais ce qui me la fait chérir,
Mais tout le charme d'en jouir,
Eft un don de l'amour d'Alcefte.

Bannis la crainte & les alarmes, *&c.*

A L C E S T E.

Dieux !

A D M E T T E.

Tu pleurs !.. je tremble.. à de nouveaux malheurs

Serions-nous réfervés encore ?
Mes enfants , où font-ils ? diffipe mes frayeurs.

ALCESTE.

Le ciel n'a point fur eux étendu fes rigueurs.

ADMETTE.

Ils refpirent , tu vis , tu fais que je t'adore ,
Pourquoi donc verfes-tu des pleurs ?
Tu ne me réponds pas ?

ALCESTE.

Dieux ! que puis-je lui dire ?

ADMETTE.

Je cherche tes regards, tu détournes les yeux !
Ton cœur me fuit, je l'entends qui foupire.

ALCESTE.

O douleur ! ô tourment affreux !

ADMETTE.

Ce cœur pour ton époux n'eft-il donc plus le même ?
Il verfoit dans le mien fes peines , fes plaifirs.

ALCESTE.

Les dieux ont entendu mes vœux & mes foupirs,
Ils favent, ces dieux, fi je t'aime.

A I R.

Je n'ai jamais chéri la vie,
Que pour te prouver mon amour.
Ah! pour te conferver le jour,
Qu'elle me foit cent fois ravie.

Je t'aimerai jufqu'au trépas,
Jufques dans la nuit éternelle,
Et de ma tendreffe fidelle,
La mort ne triomphera pas.

Je n'ai jamais chéri la vie, &c.

A D M E T T E

Tu m'aimes, je t'adore, & tu remplis mon cœur
    Des plus vives alarmes.

A L C E S T E.

Ah! cher époux, pardonnes à ma douleur;
    Je n'ai pu te cacher mes larmes.

A D M E T T E.

Et qui les fait couler?

A L C E S T E.

        On t'a dit à quel prix,
Les dieux ont confenti de calmer leur colère,
Et t'ont rendu ces jours fi tendrement chéris.

ADMETTE.

Connois-tu cet ami, victime volontaire ?

ALCESTE.

Il n'auroit pu survivre à ton trépas.

ADMETTE.

Nommes-moi ce héros ?

ALCESTE.

Ne m'interroge pas

ADMETTE.

Réponds-moi ?

ALCESTE.

Je ne puis.

ADMETTE.

Tu ne peux ?

ALCESTE.

Quel martire !

ADMETTE.

Explique toi ?

ALCESTE.

Tout mon cœur se déchire.

ADMETTE.

Alceste !

ALCESTE.

Je frémis !

ADMETTE.

Alceste ! au nom des dieux,
Au nom de cet amour si tendre , si fidéle,
Qui fait tout mon bonheur , qui comble tous mes
 vœux :
Romps ce silence odieux,
Dissipe ma frayeur mortelle ?

ALCESTE.

Mon cher Admette, hélas !

ADMETTE.

Tu me glace d'effroi ;
Parles ? quel est celui , dont ta pitié cruelle
L'entraîne à s'immoler pour moi ?

ALCESTE.

Peux-tu le demander ?

ADMETTE.

O silence funeste !
Parles ? Enfin je l'exige.

ALCESTE.

Eh ! quel autre qu'Alceste

Devoit mourir pour toi?

LE CHŒUR.

O Dieux!

ADMETTE.

Toi!... ciel!... Alceste!

LE CHŒUR.

O malheureux Admette.
Que pourſuit le ſort en courroux!
O généreux effort d'une vertu parfaite,
Alceſte meurt pour ſon époux.

ADMETTE.

O coup affreux!

ALCESTE.

Admette!

ADMETTE.

Ah! laiſſe-moi, cruelle!

Laiſſe-moi?

ALCESTE.

Cher époux!...

ADMETTE.

Non, laiſſe-moi mourir!
Laiſſe-moi ſuccomber à ma douleur mortelle,
A des tourments que je ne puis ſouffrir.

ALCESTE.

ALCESTE.

Calme cette douleur, ce défefpoir extrême,
Vis ! conferve des jours fi chers à mon amour.

ADMETTE.

Tu veux mourir, tu veux me quitter fans retour ?
Et tu veux que je vive ? & tu dis que tu m'aimes ?
Qui t'a donné le droit de difpofer de toi ?
Les ferments de l'amour & ceux de l'himenée,
Ne te tiennent-ils pas à mes loix enchaînés ?
Tes jours ? tous tes moments ne font-ils pas à moi ?
Peux-tu me les ravir, fans être criminelle ?
          Peux-tu vouloir mourir ! cruelle !
Sans trahir tes ferments, ton époux & ta foi,
Et les dieux fouffriroient cet affreux facrifice ?

ALCESTE.

Ils ont été fenfibles à mes pleurs.

ADMETTE.

D'un amour infenfé, leur barbare caprice,
          Approuveroit les fureurs.
Non, je cours reclamer leur fuprême juftice ;
          Ils tourneront fur moi leurs coups ;
Ils reprendront leur premiere victime,
Ou ma main ne fuivant qu'un tranfport légitime,
          Satisfera doublement leur courroux.

E

ALCESTE.

Arrête , ô ciel ! ah ! cher époux.

ADMETTE.

AIR.

Barbare ! non ; fans toi je ne puis vivre ;
Tu le fais, tu n'en doute pas ;
Et pour fauver mes jours , ta tendreffe me livre
A des maux plus cruels cent fois que le trépas.

La mort eft le feul bien qui me refte à prétendre,
Elle eft mon feul recours dans mes tourments affreux,
Et l'unique faveur que j'ofe encore attendre
De l'équité des dieux.

Barbare ! non ; fans toi je ne puis vivre.

(Il fort.)

ALCESTE.

Oppofés à fes vœux un invincible obftacle ,
Grands dieux , pour mon époux , j'implore vos
    fecours ,
Calmés fon défefpoir , & confervés fes jours !
    Laiffés-moi feule accomplir votre oracle.

SCÈNE IV.

ALCESTE, PEUPLE.

UNE VOIX & LE CHŒUR.

TAnt de graces !

UNE AUTRE.

Tant de beauté,

UNE AUTRE.

Son amour,

UNE AUTRE.

Sa fidélité.

UNE AUTRE.

Tant de vertus,

UNE AUTRE.

De si doux charmes.

TOUS.

Nos vœux, nos prieres & nos larmes,
Grands dieux ! ne peuvent vous fléchir !
Et vous allés nous la ravir.

ALCESTE.

Dérobés-moi vos pleurs, ceffés de m'attendrir.

AIR.

Ah ! malgré-moi, mon foible cœur partage
Vos tendres pleurs, vos regrèts si touchants ;

Et je fens trop dans ces cruels inftants
Que j'ai befoin du plus ferme courage.

Voyés quel eft la rigueur de mon fort,
Époufe, mere & reine fi chérie....
Rien ne manquoit au bonheur de ma vie,
Et je n'ai plus d'autre efpoir que la mort.

Quel fupplice ! quel rigueur !
Il faut quitter pour jamais ce que j'aime.
Cet effort, ce tourment extrême
Et me déchire , & m'arrache le cœur.

LE CHŒUR.

O, que le fonge de la vie
Avec rapidité s'enfuit,
Comme une fleur épanouie,
Qu'un fouffle des authans flétrit.
Alcefte fi jeune, fi belle,
Meurt au plus brillant de fes jours,
Et la parque injufte & cruelle,
De fon bonheur tranche le cours.

FIN DU SECOND ACTE.

ACTE TROISIÉME.

(*Le Théâtre repréſente un Scite affreux : le
fonds eſt rempli par des arbres deſſéchés & bri-
ſés. Sur un des côtés on voit des Rochers ſuſ-
pendus & menaçants ; de l'autre une Caverne,
d'où il ſort de tems en tems un feu obſcur. C'eſt
l'entrée des Enfers : en avancement des arbres,
& un peu de côté, eſt l'Autel de la mort, il eſt
de pierre brune, & paré d'une faux. Le jour
eſt pâle & tombant, & il diminue progreſſive-
ment.*)

SCÉNE PREMIÉRE.

ALCESTE. Dieux infernaux *qu'on ne voit pas.*

ALCESTE, entrant.

Grands Dieux ! ſoutenés mon courage !
Avançons, je frémis !.. conſommons notre ouvrage.

Ciel ! quel affreux féjour ! où fuis-je ? juftes Dieux ?
Tous mes fens font faifis d'une terreur foudaine :
Tout de la mort dans ces horribles lieux
Reconnoit la loi fouveraine.
Ces arbres defféchés, ces rochers menaçants ;
La terre dépouillée , arride & fans verdure,
Ce bruit lugubre & fourd de l'onde qui murmure,
Des oifeaux de la nuit les ténébreux accents :
Cet Antre, cet Autel... ces Spectres effrayants,
Cette pâle clarté dont la lumiere obfcure,
Répand fur ces objets une nouvelle horreur,
Tout de mon cœur glacé redouble la terreur,
Dieux ! que mon entreprife eft pénible & cruelle,
La terre fe refufe à mes pas chancelants,
Et mes genoux tremblants,
S'affaiffent fous le poids de ma frayeur mortelle.

(Elle tombe fur un rocher.)

*(Elle fe reléve, & fait un pas vers l'Autel de
la mort.)*

Ah ! l'amour me redonne une force nouvelle,
A l'Autel de la mort lui-même il me conduit,
Et des Antres profonds de l'éternelle nuit,
J'entends fa voix qui m'appelle.

CHŒUR de Divinités infernales.

Malheureufe ! où vas-tu ?

A L C E S T E.

Dieux, je fuccombe.
(*Elle retombe.*)

L E   C H Œ U R.

Attends.

Pour tenter de defcendre aux , rivages funébres,
Que le jour qui te fuit faffe place aux ténébres,
Tu n'attendras pas long-tems.

A L C E S T E.

Divinités terribles que j'implore,
Et pourquoi voulés-vous encore
Prolonger mes tourments,
Hélas ! dans ces cruels moments, ,
Prête à me féparer d'un Epoux que j'adore,
De tout les objets de mes vœux,
Les peines qu'aux enfers éprouvent les coupables,
Ne font pas comparables
A mes tourments affreux.

L E   C H Œ U R.

Arrête, infortunée ! attends, &c.

A L C E S T E.

A I R.

Ah ! Divinités implacables !

Ne craignés pas que par mes pleurs,
Je veuille fléchir les rigueurs
De vos cœurs impitoyables.

La mort a pour moi trop d'appas,
Elle est mon unique espérance :
Ce n'est point vous faire une offense,
Que de vous conjurer de hâter mon trépas.

SCÈNE II.

(Le jour est presque tombé.)

ALCESTE, Dieux Infernaux,
qu'on ne voit pas.

(Admette qui entre égarée.)

ALCESTE.

Ciel ! Admette, ô moment terrible !
(Elle retombe.)

ADMETTE.

Que vois-je ? Alceste, Alceste !.. justes Dieux !
Aux portes des Enfers, Alceste !

ALCESTE.
Ah ! malheureux !

Ah ! que viens-tu chercher dans ce séjour horrible.

ADMETTE.

ADMETTE.

La mort... Les Dieux ont rejetté mes vœux,
   Appollon même eſt inſenſible,
   Et ſourd à mes cris douloureux :
La mort... la mort... eſt tout cé que je veux.

ALCESTE.

Tes ſujèts ! nos enfants ! n'eſt-tu donc plus leur père ?

A I R.

   Vis pour garder le ſouvenir
   D'une épouſe qui te fut chère,
   Qui ne vivoit que pour te plaire,
   Et qui, pour toi, voulut mourir.

ADMETTE.

   Vivre ſans toi ! moi ! vivre ſans Alceſte ;
Vivre pour abhorrer la lumière céleſte,
Et ces barbares Dieux, auteurs de tous nos maux,
Sans ceſſe déchiré par des tourments nouveaux,
   J'irois traîner des jours que je déteſte ;
Je pourrois !... Ciel !

A I R.

   Alceſte ! Alceſte, au nom des Dieux !
Sois ſenſible au ſort qui m'accable,

F

Ah ! prends pitié d'un époux misérable,
Et ne le livre point à ce supplice affreux.

Errant dans ce Palais, qu'embéliſſoient tes charmes,
Je chercherois envain la trace de tes pas,
En proie à la douleur, les yeux baignés de larmes,
Je pouſſerois des cris que tu n'entendrois pas.

Pour adoucir l'excès de ma misère,
J'irois embraſſer mes enfans,
Je les verrois frémir à l'aſpect de leur père ;
J'entendrois leurs plaintifs accents :
Me reprocher ta mort, me demander leur mère.

Alceſte ! Alceſte ! &c.

ALCESTE.

Je les ſens cher époux, tout mon cœur les partage,
Ces tourments que ma mort va te faire ſouffrir ;
Mais pour qu'Admette vive, Alceſte doit mourir.
Rien ne ſçauroit ébranler mon courage.

ADMETTE.

O vous du Dieu des morts, Miniſtres redoutables,
Ce n'eſt qu'à vous que j'ai recours,
Montrés-vous moins cruels, & moins inexorables;
Soyés plus équitables,

Que ces Dieux dont envain j'implorois le secours,
Alceste ! Alceste ! ah !.. respectés ses jours !
Son âge, ses attraits, & sa vertu sublime.
C'est moi que le destin vous marqua pour victime.
Exercés vos droits souverains,
Ne souffrés pas que des Dieux inhumains,
Usurpent des enfers le pouvoir légitime.

ALCESTE.

Non de cet insensé n'écoutés point les vœux !
C'est-moi qui suis votre victime,
Exécutés les volontés des Dieux.

DUO.

ALCESTE.

Aux cris de la douleur devenés accessible !
Soyés touchés de mes malheurs.

ADMETTE.

Aux cris du désespoir, serés-vous insensibles ?
Soyés attendris par mes pleurs.

ENSEMBLE.

Des décrèts du destin, ministres infléxibles !
Obéissés à ses commandements,
Ne rejettés point ma prière ;

Hâtés-vous, des Enfers ouvrés-moi la barrière,
Et terminés l'excès de mes tourments.

Les Divinités Infernales se montrent tout-
à-coup & s'avancent.

UNE *DIVINITÉ INFERNALE.*

A I R.

L'impatient nocher fait entendre sa voix,
De la parque, un de vous doit être le partage.
Alceste ! c'est à toi de décider son choix ;
Révoque le vœu qui t'engage,
Admette de la mort subira seul la loix.

A D M E T T E.

Alceste ! si pour moi ta tendresse est extrême,
Voici l'instant de le prouver.

A L C E S T E.

Cruel ! tu voudrois me priver,
Du bonheur de sauver les jours de ce que j'aime.

A D M E T T E.

Ciel ! aux dépens des tiens !

A L C E S T E.

Ne sont-ils pas à toi,

Ces jours que je te sacrifie ?
Ah ! depuis que l'hymen nous lie,
Admette, tu le sais, ils ne sont plus à moi.

ADMETTE.

DUO EN DIALOGUE.

Et cruelle, tu veux renoncer à la vie ?

ALCESTE.

Le devoir & l'amour m'en imposent la loi.

ADMETTE.

Si tu meurs, crois-tu donc qu'Admette puisse vivre ?
Non, si je ne puis t'attendrir,
Si ton barbare cœur ne se laisse fléchir,
Ton malheureux époux aux enfers va te suivre.

ALCESTE.

Calme la douleur qui te presse,
Et sur les gages précïeux
De notre hymen & de nos feux,
Réunis toute ta tendresse.

CHŒUR DES DIEUX INFERNAUX.

Alceste, Alceste : le jour fuit,
Et le destin qui te poursuit,

A marqué ton heure fatale,
Suis-nous dans la nuit infernale.

ALCESTE.

DUO EN DIALOGUE.

Adieu, cher epoux.

ADMETTE.

Arrêtés!

ALCESTE.

C'en eft fait.

ADMETTE.

Arrêtés, barbares déités;
Exercez fur moi feul votre rage inhumaine,
Enféveliffés-moi dans la nuit du trépas.

CHŒUR DES DIVINITÉS INFERNALES.

L'enfer parle, obéis à fa loi fouveraine.

ADMETTE.

Vous n'arracherez point Alcefte de mes bras,
Cruelles!

ALCESTE.

Un pouvoir invincible m'entraîne.

LE CHŒUR.

L'enfer parle, obéis à fa loi fouveraine.

ALCESTE, *en tombant sur les marches de l'autel de la mort.*

Dieux ! je meurs !

ADMETTE, *se frappant de son épée.*

Aux enfers, ah ! je suivrai tes pas.

(*Il tombe à côté d'*ALCESTE).

CHŒUR DE DIVINITÉS INFERNALES, *en s'enfonçant avec* ADMETTE & ALCESTE.

Triomphe, victoire !
L'enfer est vainqueur.

En vain la faveur
D'un dieu protecteur
S'oppose à sa gloire.

Triomphe, victoire !
L'enfer est vainqueur.

SCÈNE III.

(Le théâtre change, & repréfente une avant-cour du palais d'ADMETTE, dont on voit au fond le périftille. Les enfants d'ADMETTE paroiffent au milieu, entourés des Officiers du palais, & des Femmes d'ALCESTE : tout le peuple remplit le théâtre.)

ÉVANDRE, *les* CORIPHÉES *des deux Scènes, les Enfants d'*ADMETTE.

ÉVANDRE.

NOus ne pouvons trop répandre de larmes,
L'inimitable Alcefte a fubi le trépas.

LE CORIPHÉE.

Pour fauver fon époux, qui ne furvivra pas
À la perte de tant de charmes.
Aux portes des enfers elle a porté fes pas.

LE *CORIPHÉE*, avec LE CHŒUR.

Son époux ne furvivra pas
À la perte de tant de charmes.

ÉVANDRE.

O peuple infortuné.

LE CORIPHÉE.

Quel fera notre fort?

TOUS.

Pleure ô patrie !
O Theffalie !
Alcefte eft morte.

ÉVANDRE.

A l'autel de la mort.
Malgré nos pleurs, nos cris, Admette l'a fuivie,
Nous les perdons tous deux;

LE CORIPHÉE.

Quel fera notre fort?

TOUS.

Pleure ô patrie !
O Theffalie !
Alcefte eft morte… hélas !
Nous ne pouvons trop répandre de larmes,
Admette ne furvivra pas
A la perte de tant de charmes.

G

SCÊNE IV.

LES ACTEURS *de la Scêne précédente.*

APOLLON descendant dans un char, avec ADMETTE & ALCESTE.

LE *PEUPLE appercevant le char d'*APOLLON, *accourant au-devant.*

ADmette, Alceſte, ô jour heureux !
Apollon les rend à nos vœux.

APOLLON au PEUPLE.

ADMETTE & ALCESTE. deſcendent du char.

Les dieux dont la juſtice égale la puiſſance,
Ont forcé les enfers d'obéir à leurs loix.
Ils vous donnent la récompenſe
Qu'obtiént & mérite à la fois
Votre reſpect pour eux, votre amour pour vos rois,
Ils vous rendent Admette, ils vous rendent Alceſte,
Le ciel les accorde à vos vœux ;
Pour des peuples ſoumis, des maîtres vertueux,
Sont le plus grand bienfait de la faveur céleſte.

(Il remonte.)

ADMETTE, ALCESTE, avec LE CHŒUR.

Reçois, Dieu bienfaisant, l'hommage de deux cœurs
　　Dont le bonheur furpaffe l'efpérance,
　　Par les tranfports de leur reconnoiffance,
　　　Juge du prix de tes faveurs.

SCÈNE DERNIERE.

LES ACTEURS *de la Scêne précédente, excepté*
APOLLON.

ADMETTE au PEUPLE.

O Mes amis! Alcefte m'eft rendue.

ALCESTE, courant à fes Enfants.
O mes enfants!

ADMETTE.

Les dieux font adoucis.

ALCESTE, ADMETTE, aux Enfants.
Je vous revois,

ENSEMBLE.

Nos malheurs font finis.

ADMETTE, ALCESTE, avec le CHŒUR.

O bonheur inoui! faveur inattendue...
A la plus senfible douleur,
A la plus profonde triftelle,
Succede l'allégrelle,
Et tous les tranfports du bonheur.

LE CHŒUR.

Qu'ils vivent à-jamais, ces fortunés époux,
Le ciel les a fauvés pour le bonheur du monde;
Qu'à nos vœux, qu'à nos chants tout l'univers réponde,
L'art de nous rendre heureux fait leur foin le plus
doux.

FIN.

APPROBATION.

J'Ai lu, par ordre de Monfeigneur le Garde des Sceaux, *Alceste*, Tragédie-Opéra, en trois Actes; & je n'y ai rien trouvé qui m'ait paru devoir en empêcher l'impreffion.

A Paris, ce 19 Mars 1776.   CRÉBILLON.